OBSERVATIONS

D'UN CITOYEN

DU DÉPARTEMENT

DES DEUX-NETHES,

Sur les opérations des deux fractions de l'Assemblée électorale du même département.

Si on a pu attribuer à un esprit de parti ou à une influence quelconque le résultat des élections de l'an VI, combien les deux Conseils ne sont-ils pas convaincus d'une action directe sur celles de l'an VII? & s'il restoit un doute à cet égard, les fameuses circulaires du ministre de l'intérieur & du commissaire de la Sarthe auroient pris soin de le lever, quand bien même de nombreuses scissions n'eussent pas démontré à l'évidence

A

jusqu'à quel degré l'influence des commissaires centraux a été uniformément dirigée sur tous les points de la République. Cette influence sentie & appréciée long-tems avant les élections, a été dénoncée au gouvernement, en ce qui concerne le département des Deux-Nèthes, dès le mois de ventôse dernier, & le mois de germinal subséquent n'a que trop justifié l'exacte opinion du député qui s'étoit chargé de démasquer le commissaire central, qui, comme plusieurs de ses collègues, mettant ses vues personnelles à la place des intentions civiques du Directoire, n'a voulu exploiter les élections des Deux-Nèthes que pour son propre compte. Or comme ces élections, ayant produit un double résultat, sont plus particulièrement soumises à l'examen & à la décision du Corps législatif, il convient d'éclairer sa sagesse & sa religion sur les faits qui ont précédé & accompagné les élections des Deux-Nèthes; ils sont trop exacts pour qu'aucun puisse être démenti.

A peine le citoyen *Bruslé*, justement regretté par tous les habitans des Deux-Nèthes, étoit-il placé par leur confiance sur les siéges du Corps legislatif, qu'une fatalité inexplicable lui donna pour successeur le transfuge *Leveque*, qui n'est pas citoyen français (1). Le commencement de

---

(1) Il est inutile d'entrer dans aucun détail sur cette circonstance qui est prouvée à l'évidence par le propre aveu de *Leveque*, dans les pièces déposées à la commission du Conseil des cinq-cents, chargée d'examiner les procès-verbaux des Deux-Nèthes.

son règne, qui date du mois de floréal an VI ; fut signalé par la destitution de quatre administrateurs centraux, probes et républicains, qui, contrairement à l'article CXCVIII de l'acte constitutionnel, furent remplacés par des citoyens, mettant pour la première fois le pied sur le territoire des Deux-Nèthes. Dès-lors il n'étoit plus difficile au commissaire de terrifier le département, et de reléguer à cet effet *les formes* conservatrices de la liberté des citoyens dans la boutique du cordonnier (1); dès-lors il pouvoit, comme il le fit en effet, diriger les futures élections d'après sa volonté suprême (2); mais pour y parvenir avec plus de succès, on provoqua et on obtint en nivôse et pluviôse derniers, la destitution et le déplacement de plusieurs fonctionnaires qui, ayant justifié par leur conduite la confiance du peuple, ou ayant fait aimer le gouvernement qu'ils représentoient, pouvoient, par cela seul, causer de l'ombrage à *Leveque* (3). Pour donner

---

(1) C'est l'expression exacte du citoyen Leveque qui se trouve imprimée dans une opinion d'un député, distribuée aux deux Conseils.

(2) Dès le mois de nivôse dernier, on avoit à Paris le tableau des candidats, du choix de *Leveque*, tel que ses élections l'ont produit en germinal suivant.

(3) Parmi ses destitutions & déplacemens, on compte toute la municipalité d'Anvers, le commissaire près d'elle, le secrétaire en chef, deux commissaires de police & le substitut commissaire près les tribunaux.

encore plus de sûreté à son entreprise, il parcourut, et ceci est connu de tous les habitans du département, tous les cantons, afin d'y faire nommer électeurs ses commissaires subalternes. La terreur une fois imprimée dans les campagnes, la réussite n'étoit pas douteuse; elle lui procura aussi dix votans à dévotion, parmi lesquels on en compte trois qui n'avoient pas les qualités d'éligibilité (1). Malgré ces précautions, le citoyen *Leveque* qui, malheureusement, n'avoit la confiance de personne, pouvoit bien s'imaginer de n'obtenir aucune voix d'un citoyen indépendant quelconque; et comme, pour parer à cet inconvénient, il n'y avoit d'autre moyen que de se faire nommer électeur lui-même, ce qui étoit impossible à l'assemblée primaire, il fit, sans motif quelconque, et à l'aide d'un *manifeste*, une scission dans cette assemblée, de quatre-vingt-trois individus employés du département et de la municipalité, contre trois à quatre cents votans libres, qui restèrent à l'assemblée primaire (2); c'est de cette manière qu'il par-

---

(1) Cette assertion est prouvée par les pièces déposées à la commission, & imprimées par ordre du Conseil.

(2) Les prétendus motifs de scission primaire pouvoient être discutés, jugés & remédiés, s'ils étoient réels, par l'assemblée mère, ce qu'elle a offert; mais cette sage proposition n'étant pas de l'intérêt des scissionnaires, on eut, sans l'emploi d'aucun moyen préalable, recours à la rédaction & l'affiche d'un manifeste.

vint, avec trois de ses amis, à l'électorat, et qu'il porta à quatorze le nombre sûr de *ses votans*. En faisant faire la même opération à Malines, où une semblable scission de quinze contre quatre-vingt-treize votans, dirigée en sous-ordre par le commissaire municipal, nomma également deux électeurs; il se rendit propriétaire de seize voix à l'assemblée électorale; et comme cette assemblée ne pouvoit être composée que d'environ quarante votans, il devint facile, par l'emploi d'une petite terreur, d'éloigner les uns et de subjuguer les autres, pour parvenir de gré ou de force à commander la majorité (1). C'est sous ces auspices que s'ouvrit, le 20 germinal, l'assemblée électorale. D'après ce qui vient d'être dit, le lecteur calcule déjà les suites de la cabale et de l'intrigue, et il ne s'étonne pas de voir le président et trois autres membres du bureau nommés parmi les scissionnaires et à la majorité de vingt contre dix-huit voix; il défalque en même tems quatre voix de vingt; savoir, celle de *Leveque*, qui n'est pas citoyen fran-

---

(1) Deux électeurs du canton de Contig retournèrent ainsi chez eux, dès le vingt-un germinal, un de Turnhout fit expressément, pendant la dernière décade de germinal, un voyage dans l'intérieur de la République, & trois d'Arendonk se refugièrent à la même époque sur le sol de la République Batave. Ajoutez à cela les menaces *connues* faites au nom de *l'autorité* à l'électeur de Westerloo, dont la déclaration est jointe aux pièces, & vous aurez la mesure de la majorité, *numérique apparente* du côté du commissaire *Leveque.*

A 3

çais , celles des commissaires de Contig et Hoogstraeten , et d'un *douanier* stationné en ce dernier endroit , comme n'ayant pas l'année de domicile et d'inscription sur le registre civique , et il place la majorité réelle où elle est , savoir du côté des dix-huit votans ; mais ce que le lecteur ne s'imagine pas , c'est que cette majorité apparente va prononcer l'exclusion non-motivée des électeurs nommés par les assemblées mères d'Anvers et de Malines , comme elle l'a fait ; on dit non-motivée , parce qu'il est faux que l'assemblée électorale , comme elle l'allègue dans son procès-verbal du 21 , ait pris ou pu prendre inspection des procès-verbaux des assemblées primaires , étant de fait , que les électeurs , nommés par les deux assemblées scissionnées et scissionnaires , n'ont produit , et n'ont pu produire , que comme il leur a été fourni , de simples extraits de pouvoirs constatant leur nomination à la majorité absolue ; ce fait que les électeurs *de la bourse* eux-mêmes ne nieront pas , pourroit au besoin être attesté par la municipalité d'Anvers. A l'occasion de l'exclusion des électeurs nommés par les assemblées primaires mères et en majorité , il se présente à la discussion un principe intéressant , qui paroît mériter toute l'attention des Conseils , parce qu'il paroît , que de sa décision dépend en majeure partie la destruction si nécessaire du systême des scissions , systême qui , aux yeux de l'ami de la constitution , n'est admissible , que dans des cas imprévoyables , comme celui de l'espèce. Or , neutralisez l'effet des scissions primaires, et vous diminuerez dans la même proportion les scissions électorales, qui, pour l'ordinaire, n'en sont qu'une suite ou une émanation ; et on le demande, de quel droit, d'après quel principe, en vertu de quelle loi, une assemblée électorale est-elle autorisée de prononcer l'exclusion des électeurs constitutionnellement et légalement nommés par une assemblée primaire mère, en grande majorité, assemblée à laquelle l'article XXVII du pacte social, donne une existence constitutionelle, et électeurs, dont ni les pouvoirs ni les qualités sont contestés ? et fût-elle autorisée à prononcer une telle exclusion, de quel droit au moins, peut-elle admettre des citoyens nommés par une foible scission, fruit de l'intrigue, scission, que ni la constitution ni la loi reconnoissent, et qui ne recevra d'existence que lorsque le Corps législatif, d'après l'art. XXIII aura prononcé sur son sort, en la tirant par une loi spéciale, du néant auquel la constitution la condamne ? permettre l'admission de tels électeurs à l'assemblée électorale, c'est indirectement permettre à cette assemblée de porter le jugement que le précité art. XXIII réserve au seul Corps législatif ; c'est indirectement autoriser, sanctionner, établir et multiplier les scissions primaires ; car l'intrigant qui n'aura pas réussi à se faire nommer électeur dans une première scission, pourra aussi impunément en faire une seconde, une troisième, et ainsi à l'infini, et il en résulteroit la possibilité, qu'un citoyen au moyen de 9 à 10 suffrages, pourroit figurer à l'assemblée électorale, aux lieu et place de celui qu'un millier de votes y auroit destiné ; on le répète, légaliser l'admission des électeurs nommés par des scissions, c'est en sanctionner le systême et ouvrir la porte à l'intrigue, au lieu que la mesure contraire la lui fermeroit, et mettroit en même-tems les citoyens en garde contre les scissions et leurs partisans. On conclud de ce raisonnement que les quatre électeurs d'Anvers et les deux de Malines, nommés par les scissions respectivesde ces deux cantons, doivent être déduits du nombre des votans de la bourse, en soustrayant encore de ce nombre les trois électeurs qui ne réunissoient pas les qualités requises, la majorité numérique disparoîtra ; et ainsi portée à la réalité de quatorze, formera la minorité contre la fraction, et non la scission électorale de seize qui a siégé au ci-devant temple de la Loi. Paroissant ainsi démontré en droit, que la *majorité réelle* de l'assemblée électorale des Deux-Nèthes a opéré dans le local du ci-devant temple de la Loi, il ne s'agit plus que de justifier les motifs de sa séparation ; ces motifs, déjà indirectement développés dans tout ce qui précède, sont puisés dans la nécessité, et dans l'inconstitutionnalité même des scissions. Dans l'inconstitutionnalité, parce que l'assemblée électorale ne pouvoit pas, comme on l'a prouvé plus haut, exclure les uns et admettre les autres ; dans la nécessité, parce qu'une majorité apparente quelconque ayant de fait prononcé l'exclusion des électeurs légaux, ceux-ci et tous leurs collègues , qui furent convaincus de l'injustice de cet acte commissarial , et qui les ont suivis , ne pouvoient , sans violer le mandat du peuple , se dispenser de se réunir et de procéder aux choix que ce même peuple leur avoit confiés , n'ayant contr'eux que l'intrigue , la terreur et les menaces , et pour eux la Constitution et les lois : ils auroient fait injure à la justice du Corps législatif , en abandonnant à l'influence et à l'usurpation d'un *étranger* , les destinées d'une intéressante partie du peuple français.

D'après ces principes généraux, il ne reste plus que quelques remarques à faire sur une partie des opérations de l'assemblée électorale avant sa division , ainsi que sur celle de l'assemblée dite de *la Bourse.* D'abord , il résulte du procès-verbal du 21 , que, malgré l'observation contraire et la provocation faite à la délicatesse du président définitif , celui-ci , ainsi que le secrétaire et deux scrutateurs , tous les quatre nommés par une assemblée scissionnaire , se sont, en restant au bureau , constitués juges et parties dans leur propre cause , savoir , lorsqu'il s'agissoit de prononcer l'exclusion des uns ou des autres électeurs ; ils ont plus absurdement encore donné la priorité à la question de savoir, si on admettroit les électeurs nommés par les scissions , et ce , après avoir , sur la motion du commissaire du canton de Geél , fermé la discussion lorsque ceux à exclure réclamoient fortement la parole pour se défendre , mais lorsque , sur-tout , le bureau se persuadoit qu'une partie de l'assemblée commençoit à s'éclairer sur les menées de l'intrigue. On peut y ajouter avec avantage, et ils n'ont pu le désavouer dans le même procès-verbal, que le rapporteur de la troisième commission est, de son propre chef individuel, venu proposer le rejet des électeurs nommées par l'assemblée mère; puisque la commission étant composée de six personnes, et trois s'étant refusées à se prononcer, il ne pouvoit venir exprimer le vœu de la commission qui n'existoit pas, même partiellement. Si cependant, malgré les raisons convaincantes qui existent contre l'assemblée de la Bourse; on pouvoit encore pencher en sa faveur, si on supposoit même que les Electeurs nommés par les scissions d'Anvers et de Malines, ont pu légalement siéger à l'assemblée électorale, il ne s'ensuivroit pas moins que sur huit nominations faites à la Bourse, trois seulement pourroient être validées.

D'abord, le Commissaire central nommé au Conseil des Anciens, ne peut être admis, parce que les articles 15 et 83 de la Constitution s'y opposent.

La majorité absolue de vingt-trois membres dont la fraction étoit composée, est de douze. Le citoyen Vanbreda, élu au Conseil des Cinq-Cents, n'a obtenu que quinze suffrages, en ôtant de ce nombre les quatre Electeurs sans qualités, il se trouve qu'il ne réunit pas la majorité absolue. Il en est de même des Citoyens Arbeltier, Poncy et Lenoir, dont le premier n'a eu que treize voix pour la place de Haut-

Juré; les deuxième et troisième respectivement quatorze et quinze suffrages pour celle d'administrateur du Département ; d'où il résulte, comme le Conseil, dans des cas semblables, l'a déjà plusieurs fois décidé, que les nominations ci-dessus désignées ne pourroient dans aucun cas être validées. On croit avoir fait appercevoir *ce qui s'est passé* dans le Département des Deux-Nèthes, relativement aux élections, il paroît conséquemment inutile de prouver ultérieurement, combien peu la liberté des suffrages a été respectée, et on s'abstiendra, par respect pour le Gouvernement, de faire ici un long détail des intrigues, violences, et des moyens de séduction qui, par un abus de confiance, ont été pratiqués par son Commissaire central, pour asservir en sa faveur, et celle de ses adhérens, les votes d'un nombre d'Electeurs terrifiés par des menaces ou séduits par des promesses éphémères. Quant aux petit nombre total d'Electeurs que ce Département a fourni, il ne doit point surprendre, quand on connoît la négligence qui a été apportée dans l'inscription des Citoyens sur le registre civique, négligence qui n'étoit pas nuisible dans ces contrées, les premières années de la réunion ; car, si dès-lors, tout le monde s'étoit mis à même d'exercer ses droits, le résultat n'auroit pas donné des choix républicains. Aujourd'hui cependant, que le nombre des Electeurs est accru des deux tiers depuis l'an V, cette apathie devient funeste, et au Département et à la chose publique; parce qu'elle facilite à l'intrigant l'emploi de ses moyens d'intrigues. Puisse le génie de la liberté, éclairer davantage les citoyens de cette partie de la ci-devant Belgique, et puisse la décision que va prendre le Corps législatif en cette circonstance majeure, pour le Département des Deux-Nèthes, être le plus puissant aliment de sa parfaite régénération.

Fait à Anvers, le premier floréal, l'an VII de la République une et indivisible.

J. LAMBRECHTS, Juge au Tribunal civil du Département des Deux-Nèthes.

De l'Imprimerie D'HACQUART, rue Gît-le-Cœur, n°. 16.

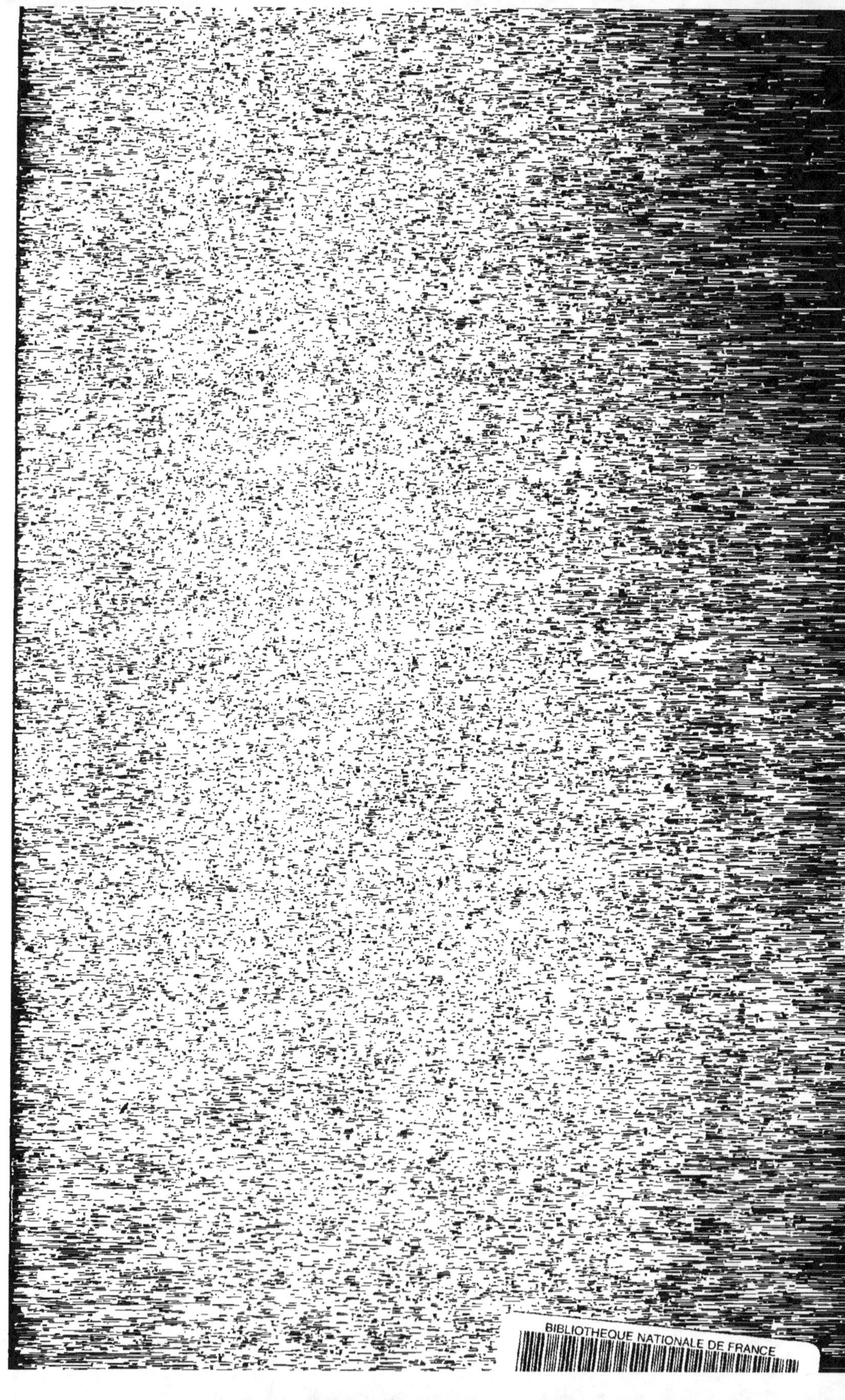